So lebt
Seoul

Der perfekte Reiseführer für einen unvergesslichen Aufenthalt in Seoul inkl. Insider-Tipps und Packliste

Pia Blumenberg

Alle Ratschläge in diesem Buch wurden sorgfältig erwogen und geprüft. Eine Garantie kann dennoch nicht übernommen werden. Eine Haftung für jegliche Personen-, Sach- und Vermögensschäden ist daher ausgeschlossen. Die Benutzung dieses Buches und die Umsetzung der darin enthaltenen Informationen erfolgt ausdrücklich auf eigenes Risiko.

✈ INHALT

Das erwartet Sie in diesem Buch

Sie planen Ihren nächsten Urlaub, aber wissen nicht so recht, wohin der Weg Sie führen soll? Vielleicht haben Sie Lust auf eine exotische, kulturelle Reise mit vielen verschiedenen Sinneseindrücken? Oder aber Sie verschlägt es zu einem Städtetrip, bei dem das Großstadtflair nicht fehlen darf? Was ist, wenn ich Ihnen sage, dass es eine Stadt gibt, die beides miteinander vereint? Eine Stadt, die Kultur und Moderne zu gleichen Teilen in sich trägt und deren Bewohner trotz der industriellen

Vorreiterrolle unglaublich viel Wert legen auf Tradition und Kultur, um so den individuellen Charme der Stadt zu erhalten. Ich werde Sie mitnehmen in eine Stadt, deren Facettenreichtum Sie sich bis dato nicht vorstellen können. Sie werden einen Einblick in eine Millionenmetropole erhalten, den Sie so sicher nicht erwartet haben. Packen Sie die Koffer, nehmen Sie Ihre Liebsten bei der Hand und steigen Sie in den nächsten Flieger. Machen Sie sich auf eine unfassbar schöne Reise gefasst, die zu einer unvergesslichen Erinnerung werden wird. Sie werden große Hauptstraßen entlanglaufen, kleine Gassen erkunden und eine Natur bewundern können, wie sie in einem Bilderbuch nicht schöner sein könnte. Diese Reise wird Sie mitnehmen in eine Welt voll greller Vielfältigkeit und spiritueller Erfahrungen, welche Sie sicher Ihr Leben lang für sich nutzen können. Lassen Sie uns eintauchen in eine Welt, die keinen Stillstand kennt.

Seoul - Eine Millionenmetropole

Die Überschrift verrät wohl schon ein wenig über die südkoreanische Hauptstadt Seoul, aber es gibt noch so viel mehr zu erzählen. Wir befinden uns hier in einer Großstadt, die weitaus mehr Einwohner zählt als die deutsche Hauptstadt Berlin. So hat Seoul 9.79 Millionen Einwohner und Berlin "nur" läppische 3.6 Millionen. Das macht natürlich auch im Erleben der Stadt einen enormen Unterschied. Das Treiben auf Seouls Straßen ist sowohl am Tag als auch in der Nacht stetig und findet keine Ruhe. Aus meiner Erfahrung heraus kann ich sagen: Tagsüber wird gearbeitet und nachts lässt man „die Sau raus". Das kann sicher auch jeder bestätigen, der in dieser immer wachen Stadt lebt. Seoul ist eine Metropole, die verbindet. Künstler schlagen hier ihre Ateliers auf, Streetdancer geben ihre Performances zum Besten und Fashionistas präsentieren ihre teure Markenkleidung. Denn Seoul gehört zu einer der modebewusstesten Städte der Welt und das spätestens seit Psy's Megahit "Gangnam Style". Mode spielt hier also eine sehr große Rolle. Allerdings ist das nur ein Teil, den man in Seoul kennenlernen kann. Auf der anderen Seite existiert eine tiefe Bindung zu Tradition und Kultur. Seoul verbindet die Bausteine der Kultur und der Moderne und lässt so Wolkenkratzer neben Tempeln residieren. Hier treffen alte Bräuche und Sitten auf das digitale Zeitalter. Die Alten leben mit den Jungen und unterstützen sich gegenseitig, denn der Respekt vor dem Alter ist bis heute einer der wichtigsten Bestandteile des Miteinanders. Grund dafür ist der Konfuzianismus, welcher seit 2.500 Jahren in Korea vorherrscht.

So hat sich der Brauch entwickelt, sich vor älteren Menschen zu verneigen. Diese Form der

Begrüßung ist eine formelle Art, sich zu begegnen, und zeigt Ihrem Gegenüber, dass Sie dessen Kultur respektieren. Es gilt hierbei, dass sich der sozial Niedrigere vor dem sozial höher Gestellten verbeugt. Die Menschen dort haben eine Menge liebenswürdiger Eigenarten, was der ganzen Stadt - und dem ganzen Land - seinen ganz eigenen Charme verleiht. So sieht man überall, also wirklich überall, die Koreaner an ihrem Smartphone sitzen. Soweit ich das beurteilen kann, werden immer irgendwelche Spiele gespielt, Serien geschaut oder durch soziale Netzwerke gestöbert. Aufgrund dessen habe ich auch noch nie so viele zersplitterte Handydisplays gesehen wie in Seoul! So oft, wie hier die Handys herunterfallen, ist das aber auch kein Wunder.

Außerdem zelebriert Korea die Liebespaarkultur förmlich. So sieht man hier ständig irgendwelche Pärchen, die dieselben Klamotten tragen, und sei es nur das gleiche Paar Schuhe! Man kann außerdem sagen, dass Koreaner, was Liebesbeziehungen angeht, unglaublich kitschig sind. Nicht nur im partnerschaftlichen Sinne wird man hier auf die eine oder andere ungewöhnliche Sitte treffen, sondern auch, was die Familie betrifft, welche für die Koreaner von großer Bedeutung ist. So haben Kinder eine Sonderrolle und alles, was sie tun, wird per Video oder Foto festgehalten. In Korea geht außerdem das Wort "Aegyo" um, welches aus der Eltern-Kind-Beziehung stammt. Es drückt niedliches, naives und kindliches Verhalten aus und wird am ehesten von Frauen praktiziert. Allerdings gibt es natürlich auch Männer, die solche femininen Züge annehmen oder an sich haben. Das Aegyo richtig einzusetzen, ist eine Kunst für sich und setzt man es in einem falschen Kontext ein, wird man als vulgär, lächerlich und deplatziert bezeichnet. Halten Sie sich also von dem Gebrauch dieser Verhaltensweise lieber fern, wenn Sie sie nicht hundertprozentig richtig einzusetzen wissen.

Es ist auch wichtig, zu sagen, dass Koreaner sich – je nach Gruppe – anders verhalten, als Sie es von Deutschland gewöhnt sind. In einem Restaurant oder an einem allgemein öffentlichen Bereich werden Sie immer sehr gut behandelt und nett umsorgt, aber auf der Straße kann das schon einmal anders sein. Hier kann es passieren, dass man Sie einfach beiseiteschiebt oder anrempelt. Nehmen Sie das den Menschen aber nicht übel, denn immerhin sind Sie hier in einem anderen Land mit anderen Sitten! Das dürfen Sie bei Ihrer Reise nach Seoul niemals vergessen. Bei jährlichen Festen wird die Tradition bewahrt und auch in kleinen Gesten merkt man schnell, dass die Kultur in dieser Stadt eine sehr große Rolle spielt. Eine Menge Einwohner haben dafür gesorgt, dass die Stadt bereit für die Zukunft ist, dabei verlieren sie Seouls besondere Vergangenheit aber nicht aus den Augen. Denn die Hauptstadt gibt es nicht erst seit ein paar Jahren, sie existiert schon seit dem Jahre 18 v. Chr.

Damals hieß Seoul aber noch nicht Seoul, sondern Hanyang und fungierte als Hauptstadt des Königreiches Baekje. Später erkämpften sich verschiedene Könige das Territorium in und um Seoul herum – damals glich die Stadt eher einem Dorf. Seouls Bedeutung wuchs in der Goryeo-Dynastie aufgrund seiner Lage am wichtigsten Handelsweg, dem Han-Gang-Fluss. Man war damals der Annahme, dass das Reich, welches den Han-Gang-Fluss beherrschte, die Kontrolle über die gesamte Südkoreanische Halbinsel bekommen würde. Zwischen dem elften und dem 14. Jahrhundert wurden hier viele Paläste gebaut, welche als Residenzen für die Könige dienten.

Im Jahre 1392 kam eine neue Dynastie an die Macht, die Joseon-Dynastie. Die Stadt wurde verlegt und so wurde Hanyang (Seoul) am 28.Oktober 1394 zur Hauptstadt Koreas erklärt. Nun begann man mit dem Bau eines neuen Palastes, Tempel wurden errichtet und ebenso die Stadtmauern mit insgesamt 18 km Länge. Später wurde die Stadt in Hanseong umbenannt.

Auch wenn die Stadt eine gute Verteidigungslage und stabile Stadtmauern hatte, so passierte es, dass sie im Imjin-Krieg von den Japanern und später von den Mandschuren eingenommen wurde. Erst mit der Herrschaft des Königs Yeongjo, welcher 1724 den Thron bestieg, erreichte die kleine Stadt eine große Blütezeit. Erst jetzt wurde die gute Lage am Han-Gang erkannt und zugunsten der Stadt genutzt, welche nun zu den wichtigsten Handelszentren Koreas zählte. Nachdem Korea sich auf Druck Japans für andere Länder öffnete, um Handel zu betreiben, wurde Hanseong 1910 eine Kolonialhauptstadt und bekam den Namen Gyeongseong. Japan ließ die Stadt durch viele Strukturmaßnahmen in Kommerz und Industrie weiterhin aufblühen. Im Jahr 1945 endete die Besatzungszeit Japans in Korea und die Stadt wurde ein Jahr später in Seoul umbenannt und die Hauptstadt der neu gegründeten Republik Korea.

Die Geschichte der Stadt lässt sich heute in vielen Museen, in den Tempeln und Palästen sowie durch Erzählungen der Einheimischen zurückverfolgen. Diese Stadt ist wie gemacht für neugierige Menschen, die immer wieder etwas Neues erleben wollen, und genau das ist der Grund, weshalb mich persönlich Seoul auf Anhieb so sehr begeistert hat.

Der Flughafen, den Sie am besten von Frankfurt oder München aus erreichen, ist der Incheon Airport. Ein Flug kostet in der Regel zwischen 450 € mit Zwischenstopps, und 600 € ohne Zwischenstopps. Ein Touristenvisum bekommen Sie direkt bei der Einreise, dieses hat eine Gültigkeit von 90 Tagen. Für ca. 6 Euro bringt Sie dann ein Shuttlebus in 45 Minuten in die Seouler Innenstadt.

Welche Unterkunft passt zu mir?

Die Frage der Unterkunft ist sicher eine, die sich jeder Urlauber am Anfang der Reise-buchung stellt. Hierbei spielen viele ver-schiedene Faktoren eine wichtige Rolle: Mein Budget, meine Erwartungen, die Lage, der Service. Habe ich kein großes Budget zur Verfügung, wird ein fünf-Sterne-Hotel für mich sicherlich wegfallen, aber das muss keineswegs heißen, dass mir die Chance auf eine nette Unterkunft verwehrt bleibt. Ich zeige Ihnen, wie Sie anhand Ihrer Interessen und Wünsche die richtige Unterkunft finden und dabei auch noch Geld sparen können. Außerdem sollten Sie noch wissen, wann die Reisesaison für Korea beginnt. Es gibt zwei Saisonanfänge: einmal von September bis November und einmal von April bis Mai. In diese Saisons fallen auch viele Festtage, wie zum Beispiel Buddhas Geburtstag, welcher von Ende April bis Ende Mai zelebriert wird, oder das Rosenfestival. Gefeiert wird dieses im Mai, wobei der Tunnel von Jungnang-gu – der Mittelpunkt des Festivals – mit tausenden Rosen geschmückt wird.

Am Ende des Festivals gibt es noch ein prunkvolles Feuerwerk, welches man sich nicht entgehen lassen sollte. Neben diesen beiden Festen empfehle ich wärmstens, zur Kirschblütenzeit zu fliegen. Seoul erstrahlt dann in einer wunderschönen Blütenpracht und die milden Frühlingstemperaturen sorgen dafür, dass man nicht unnötig schwitzt oder friert. Beim Kirschblütenfestival haben Sie die Möglichkeit, die Blüte in voller Pracht zu bewundern, verschiedene Köstlichkeiten an Streetfood-Ständen zu probieren und an verschiedenen Aktivitäten teilzunehmen, die rund um das Festival abgehalten werden. Besonders schön ist es, wenn die Blütenblätter sich lösen und in der Luft tanzen. Das sieht dann aus, als würde es – mitten im Frühling – schneien. Ich würde also empfehlen, zu einer der Saisons zu fahren, um ein paar der Feste mitzunehmen!

GOSHIWON, HOTEL ODER GÄSTEHAUS?

In Seoul lässt sich gut wohnen, denn Sie haben hier eine große Bandbreite an Übernachtungsmöglichkeiten, die auch für kleine Budgets erschwinglich sind. Schauen wir einmal, welche Möglichkeiten zur Verfügung stehen.

Reise ich mit einem niedrigen oder kleinen Budget nach Seoul, muss das kein Grund zur Besorgnis sein, denn auch mit wenig Geld besteht die Möglichkeit auf eine gute Unterkunft. Sie haben hier vor allem die Auswahl zwischen einer Menge Gästehäusern, die in erster Linie den alten Charme der Metropole widerspiegeln. Ich möchte Ihnen gerne ein sehr gut bewertetes Gästehaus vorstellen, welches im Distrikt Seodaemun-gu liegt. Das Gästehaus trägt den Namen "JM Guesthouse Hongdae" und ist ideal für zwei Reisende. Es liegt zentral in Hongdae, ist 5 km vom Gyeongbokgung-Palast und vom Namdaemun-Markt entfernt, einem traditionell koreanischen Markt. Dies ist der beliebteste Markt Seouls. Hier bekommen Sie von Wäscheklammern über Unterwäsche bis hin zu Pilzen einfach alles. Auch hier kann man allerlei Schmackhaftes der koreanischen Küche probieren. Man muss sich eigentlich nur von seiner Nase leiten lassen. Alles ist mit U-Bahn und Bus zu erreichen, dazu aber später mehr.

Was wird mir hier aber eigentlich geboten? Das JM Guesthouse bietet eine Gemeinschaftsküche sowie Gemeinschaftsbadezimmer. Das WLAN ist hier kostenfrei und kann jederzeit genutzt werden. Außerdem kann man einen Wäscheservice in Anspruch nehmen. Morgens finden Sie ein reich gedecktes Buffet oder asiatisches Frühstück, je nachdem, was Ihnen hier mehr beliebt und kulinarisch zusagt. Man sollte anmerken, dass sich hier vorrangig in Koreanisch oder Englisch unterhalten wird, also sollten Sie mindestens der englischen Sprache mächtig sein, um sich verständigen zu können. Wie in vielen Hotels oder Gästehäusern ist auch hier das Rauchen strengstens untersagt, nicht nur im Gebäude, sondern auch auf dem gesamten zugehörigen Gelände. Es gibt des

Weiteren keine direkte Parkmöglichkeit, wobei ich hier auf das Fahren mit öffentlichen Verkehrsmitteln verweise, was in Seoul aufgrund der chaotischen Verkehrslage eine unglaubliche Erleichterung darstellt. An dieser Stelle möchte ich noch kurz auf den Distrikt eingehen, in welchem sich das Gästehaus befindet. Seodaemun-gu ist reich an Cafés und Kunstkultur, was nicht zuletzt am Stadtteil liegt, in dem es sich befindet. Der Nahverkehr ist hier wunderbar, so dürfte es kein Problem sein, alle Sehenswürdigkeiten, Restaurants oder Clubs zu erreichen. Kommen wir nun aber zum wichtigsten Gesichtspunkt: Das Budget. Das Gästehaus ist eine wirklich günstige Alternative zu einem Hotel und kostet für 15 Nächte in einem Zweibettzimmer circa 401 Euro. Allerdings sollte man für diesen Urlaub etwas mehr Zeit einplanen, denn selbst in diesen zwei Wochen werden Sie nicht in der Lage sein, alle Ecken und Kanten der vielfältigen Stadt kennenzulernen.

Wem ein Gästehaus dennoch zu teuer ist, kann sich auch ein sogenanntes Goshiwon mieten. Ein Goshiwon ist vergleichbar mit einem sehr kleinen, minimalistischen Hotel. Wer hier also die Standards eines drei-Sterne-Hotels erwartet, wird kläglich enttäuscht werden. In Seoul erfreuen sich diese einzigartigen Unterkünfte besonders bei Studenten großer Beliebtheit, da sie unglaublich billig sind und einem dennoch das bieten, was man zum Leben benötigt. Das einzige Manko bei einem Goshiwon ist die Tatsache, dass man hier kein Zweibettzimmer buchen kann. Alle Zimmer sind auf nur eine Person zugeschnitten und können deshalb nicht geteilt werden. Allein der Platz würde hierfür absolut nicht ausreichen, denn ein Goshiwon ist tatsächlich nur ein einziges Zimmer.

Hier finden Sie ein Bett, einen kleinen Schreibtisch sowie ein kleines Schubfach, einen kleinen Stuhl, eine Kleiderstange und eine Lüftung in einem Zimmer. Bei einem Goshiwon, welches im höheren Preissegment liegt, kommen noch ein Flachbildfernseher und ein Kühlschrank hinzu. Auch ein Badezimmer direkt im Zimmer findet man eher bei den höheren Preisklassen an, ansonsten wird ein Gemeinschaftsbadezimmer benutzt. Achten Sie dabei darauf, dass Sie morgens früh genug aufstehen, um eine lange Wartezeit vor dem Badezimmer zu vermeiden. Alle Goshiwons besitzen außerdem Highspeed-Internet und ein kleines Fenster, welches bei den günstigen Goshiwons allerdings nur zum Korridor hin geöffnet werden kann. Hierzu ist anzumerken, dass das Internet in Korea zu den besten und schnellsten der Welt zählt. Sie haben hier sogar in jeder U-Bahn freies WLAN.

Was ist im Preis nicht enthalten? Diese Frage ist einfach zu beantworten, denn Sie werden hier keine Handtücher, Bettdecken oder Kissen bekommen. Diese sind allerdings bei einem Homeplus oder Es-mart zu erwerben. Wenn Sie beim Kauf Geld sparen wollen, bringen Sie entweder eigene Handtücher und Bettzeug mit oder fahren Sie zum Dongdaemun Market, welcher solche Sachen für kleines Geld anbietet. Goshiwons liegen in einem Preissegment von 50.000 Won bis 950.000 Won, was umgerechnet zwischen 38 Euro und 726 Euro sind. Diese Preise beziehen sich auf einen Aufenthalt von einem Monat, allerdings kann man das Goshiwon auch tageweise bezahlen, sollten Sie nicht einen ganzen Monat bleiben wollen. Die Miniatur-Hotels finden Sie in ganz Seoul verteilt, Sie können eine Webseite aufrufen, um ein Goshiwon in Ihrer Nähe zu finden (goshi-pages.com).

Natürlich ist ein Goshiwon nicht für jedermann

geeignet, weshalb viele lieber ein Hotel buchen wollen. An dieser Stelle habe ich Ihnen zwei zur Auswahl gestellt, die sowohl bei den Koreanern als auch bei den Touristen unglaublich gut ankommen. Fangen wir mit dem Hotel für das Mid-Budget an. Das Orbit ist in Mapo-gu gelegen und nur 250 Meter von der nächsten U-Bahn-Station entfernt.

Während das Gästehaus zu Anfang ausschließlich für zwei Reisende gemacht ist, besticht das Orbit mit einer Auswahl an Familienzimmern. Alle Zimmer sind mit Kabel-TV, einem eigenen Badezimmer sowie kostenlosem WLAN ausgestattet. Hinzu kommen ein gemütlicher Sitzbereich, ein kleiner Schreibtisch und das Beste: die Zimmer sind klimatisiert, was in den warmen Monaten erfrischende Kühlung verspricht. Morgens können Sie den Tag bei einem gemütlichen Frühstück beginnen und Sie haben täglich das Glück, eine frische Wasserflasche sowie einen Kaffee zu bekommen, natürlich nicht auf Ihre Kosten. Auch hier treffen Sie auf ein Nichtraucherhotel, sowohl im Innen- als auch im Außenbereich. Das Orbit verfügt ebenso über Sicherheitspersonal, welches rund um die Uhr für Ihre Sicherheit sorgen wird. Auch hier ist die gesprochene Sprache entweder Englisch oder Koreanisch. Das ist in sehr vielen Hotels der Fall, wobei manche von ihnen noch Sprachen wie Chinesisch oder Japanisch anbieten. Haben Sie sich morgens mit dem ausgiebigen Frühstück gestärkt, können Sie entweder Mapo-gu erkunden oder aber mit der U-Bahn in die Innenstadt Seouls fahren. Mapo-gu besticht mit seinen kleinen Cafés und einer guten Möglichkeit, seiner Shoppinglaune nachzugehen. Bei diesem kleinen Hotel liegen wir für 16 Nächte und zwei Personen bei einem Preis von 1.414 Euro. Natürlich rede ich bei diesen Preisen immer von den Preisen in der Reisesaison Koreas. Außerhalb dieser macht es wenig Sinn, Korea zu besuchen aufgrund der vielen Feste, welche man dann verpassen würde.

Zum Schluss stelle ich Ihnen noch ein Hotel vor, welches für ein hohes Budget geeignet ist und den Gästen hohen Komfort und Luxus verspricht. Das am besten bewertete Hotel in dieser Preiskategorie ist das Ryse Autograph Collection Marriott in Hongdae. Das Ryse ist ein vier-Sterne-Hotel und wird diesen Sternen vollkommen gerecht!

Im Gegensatz zu den anderen Hotels haben wir hier sogar die Möglichkeit, zu parken, falls man einen Leihwagen besitzt. Auch hier besitzt jedes Zimmer freies WLAN. Hinzu kommen ein Flachbildfernseher, Bluetooth-Boxen, ein Safe und ein extra Laptopsafe, ein privates Badezimmer mit Regendusche und extra für Sie gestellte Bademäntel. Innerhalb des Hotels haben Sie außerdem die Möglichkeit, ein für Hotelgäste kostenfreies Fitnesscenter zu besuchen, es gibt eine hoteleigene Bücherei und wenn Sie während Ihres Urlaubs arbeiten müssen, dann stehen Ihnen ebenso Büroräume kostenfrei zur Verfügung, sobald Sie eingecheckt haben.

Wenn der kleine Hunger ruft, stehen Snacks sowie Kaffee im hauseigenen Café bereit, ohne dass Sie dafür zahlen müssen. Wenn Sie sich morgens am Buffet gestärkt haben, können Sie Hongdae besichtigen, mit der U-Bahn nach Itaewon fahren oder gar zum N-Seoul-Tower. Steht Ihnen der Sinn nach einem Spaziergang, dann laufen Sie zum 2 km entfernten Han River, ein wunderschöner Fluss, um einen entspannten Ausflug zu wagen. Sie können hier beispielsweise mit einem Dampfer über den Fluss fahren und ihn so vom Wasser aus erkunden. Abends sind Fahrten mit den Tubestern besonders beliebt. Hierbei handelt es sich um kleine runde Motorboote, welche beleuchtet über den Fluss schippern. Wenn Ihnen also nach Entspannung zumute ist, sollten Sie diese Gelegenheit nicht auslassen. Möchten Sie doch etwas mehr Action, können Sie sich am Han River an verschiedenen Wassersportarten versuchen, darunter Kayak oder Wasserski. Auch das Windsurfing ist hier sehr beliebt und für Sportfanatiker auf jeden Fall einen Versuch wert!

Am Fluss gibt es unglaublich schöner Picknick-Areale, die Sie nutzen sollten, wenn Sie die nötige Zeit dazu haben. Hier haben Sie die Gelegenheit, Fischer zu beobachten oder die Wassersportler anzufeuern. Es gibt auch die Möglichkeit, sich ein Zelt direkt am Fluss zu mieten und die Nacht beim idyllischen Rauschen des Wassers zu verbringen. Der Fluss ist der beliebteste Treffpunkt für die Koreaner, um zu entspannen, gemeinsam etwas zu trinken und den Tag ausklingen zu lassen. Den Tag müssen Sie natürlich nicht am Fluss ausklingen lassen, Sie können auch stattdessen in den hoteleigenen Sidenote Club gehen, wo es ebenfalls alkoholische Getränke und gute Musik gibt.

Die wichtigste Frage nun: Was kostet der ganze Spaß? Das Hotel kostet für 16 Nächte und zwei

Personen 2.644 Euro. Dies ist außerdem eines der Hotels, die neben englischer und koreanischer Sprache noch Chinesisch, Japanisch und Thailändisch anbieten.

Für das Geld erwartet Sie ein wunderschöner Stadtblick aus Ihrem Zimmer heraus und Sie haben außerdem die Möglichkeit, eine Honeymoon-Suite zu buchen.

Alles in allem lässt sich hier sagen, dass das eigene Budget und die Wünsche und Vorstellungen eine große Rolle bei der Auswahl der Unterkunft spielen.

Sehenswürdigkeiten

Bei einem Besuch in Seoul, kommen Sie definitiv nicht drumherum, eine Menge an Sehenswürdigkeiten zu besichtigen. Seoul verfügt über eine unglaubliche Bandbreite an kulturellem und modernem Erbe, welches Sie sich nicht entgehen lassen sollten.

Schon allein die hochmoderne U-Bahn, welche tief unter der Erde liegt, und die Popkultur der Metropole sind Sehenswürdigkeiten für sich. Auch die Banpodaegyo Brücke, welche sich über den Han River zieht und mit ihrer atemberaubenden Regenbogen-Show verblüfft, ist ein Ort, den man gesehen haben muss. Die Brücke erstreckt sich knapp 1,2 Kilometer über den Han River und begeistert Touristen und Einheimische gleichermaßen.

Die U-Bahn wird bei Ihrer Reise durch Seoul ohnehin Ihr stetiger Begleiter werden, denn das Verkehrschaos möchten Sie sich bestimmt nicht antun. So ist es hier gang und gäbe, dass weitergefahren wird, wenn die Ampel für Autofahrer rot steht und kein Fußgänger darüber läuft. Fahrbahnwechsel sind ein beliebtes Spiel, es wird sehr wenig gehupt und Stau ist in der fast 10 Millionen Einwohner umfassenden Stadt keine Seltenheit. Allerdings birgt jeder U-Bahnhof ein Risiko, dem Kaufrausch zu verfallen, denn Sie werden dazu verlockt werden, in eines der netten Geschäfte reinzuschauen, welche sich bei so ziemlich jedem U-Bahnhof aneinanderreihen.

Ich werde Ihnen jetzt vier große Sehenswürdigkeiten vorstellen, die Sie unbedingt besuchen müssen, wenn es Sie nach Seoul verschlägt.

DONGDAEMUN DESIGN PLAZA

Der Dongdaemun Design Plaza, kurz DDP, ist ein Veranstaltungsort vieler verschiedener nationaler und internationaler Events, Ausstellungen und Konferenzen. Besuchern steht er von Dienstag bis Sonntag von 10 Uhr bis 19 Uhr und von Mittwoch bis Freitag bis 21 Uhr offen.

Wir finden hier eine geschwungene Kongresshalle mit extravagantem architektonischem Stil vor, welche außerdem mit einem üppigen Dachpark geschmückt ist. Allerdings ist nicht nur die Architektur der Grund für einen Besuch des DDP, sondern auch das große Unterhaltungsangebot spielt dabei eine wichtige Rolle. Man findet hier diverse Ausstellungen wie das Seoul Architecture Festival, eine Ausstellung, bei welcher Sie verschiedenste Bauwerke Seouls bewundern und betrachten können. Es werden neben den Ausstellungen auch eine Menge Events angeboten, ein Beispiel hierfür ist die HERA Seoul Fashion Week.

Sie können außerdem an einer Gebäude-Tour durch den DDP teilnehmen, welche Sie nicht vorbuchen müssen, sondern an der Sie direkt vor Ort teilnehmen können. Des Weiteren besteht die

Möglichkeit, Gruppentouren zu reservieren oder individuelle Gruppentouren mit einem Audioguide durchzuführen. Haben Sie Kinder dabei, wird den Kleinen hier ein wundervolles und aufregendes Kids-Programm geboten, über welches Sie sich vor Ort genauer informieren können. Wenn Sie Teil einer Tour waren, können Sie es sich danach im hauseigenen Café Fessonia gut gehen lassen.

Das Café hat von 9 Uhr bis 24 Uhr jeden Tag geöffnet und bietet neben dem klassischen Espresso auch den bei den Koreanern beliebten Americano an. Außerdem stehen auf der Karte eine Menge Fruchtsäfte zur Auswahl. Hier liegt die Preisspanne zwischen 3500 Won und 6000 Won, das sind umgerechnet zwischen 2,73 Euro und 4,68 Euro. Neben dem Café können Sie außerdem den Dongdaemun History and Culture Park sowie das Dongdaemun History Museum 1398 besichtigen. Beides ist ebenso wie das Café permanent geöffnet. Auch das Dongdaemun Stadium Memorial ist immer geöffnet und hat genau wie die Museen freien Eintritt. Sie haben die Möglichkeit, beim DDP zu parken, und Toiletten stehen selbstverständlich auch zur Verfügung. Reisen Sie mit öffentlichen Verkehrsmitteln an, empfehlen sich hier die U-Bahn-Linien 2, 4 und 5, mit welchen Sie bis zur Station Dongdaemun History and Culture Park fahren können. Verlassen Sie den U-Bahnhof dann durch Ausgang 1 oder 2.

GYEONGBOKGUNG PALAST

Der Gyeongbokgung Palast ist ein Must-See der Sehenswürdigkeiten, die auf Ihrer Liste stehen sollten! Übersetzt bedeutet der Name so viel wie "strahlende Glückseligkeit", und genau das strahlt der Palast auch aus. Allein die im Pagoden-Stil errichteten Gebäude lassen Sie in die Welt Seouls vor vielen Jahren eintauchen und Events wie die Zeremonie der traditionellen Wachmannschaft versetzen Sie sofort zurück in die Jahre des letzten Königs.

Tatsächlich diente der Palast in Zeiten der Joseon-Dynastie als Königssitz und er war der erste von fünf Palästen, der komplett fertiggestellt wurde. Er war aber nicht nur der erste, sondern auch der größte der fünf Paläste, denn das Gelände umfasst einen Umfang von 57 Fußballfeldern und liegt im Herzen der Millionenmetropole Seoul. Doch auch, wenn der Palast so schön anzusehen ist, hat er eine

Vergangenheit, die dem ein oder anderen sicher das Blut in den Adern gefrieren lässt.

Im Jahre 1553 brannte ein Teil des Palastes nieder, welcher jedoch im Jahre 1554 direkt wieder aufgebaut wurde. Im Anschluss stand der Palast vierzig Jahre lang in seiner vollen Pracht, ehe er komplett niederbrannte. Lange war es dann still um den ruhmreichen Königspalast geworden, welcher erst 1867 erneut aufgebaut wurde. Als im Jahre 1911 japanische Kolonien nach Korea kamen, begannen sie, den Palast abzureißen. Im Zuge dessen blieben nur 10 von einst 330 Gebäuden stehen. Es dauerte lange, bis man 1985 damit begann, die Palastgebäude abermals aufzubauen. Dafür setzte man einen vierzigjährigen Plan an. Im Jahre 2009 waren erst 40 % des Palastes wieder aufgebaut.

Jetzt fragen Sie sich sicher, was man dann heute überhaupt noch von dem Palast sehen kann. Es stehen die sechs Tore – das Haupttor im Süden, das Osttor, das Westtor, das Nordtor und zwei innere Tore –, die den inneren und den äußeren Geländebereich voneinander trennen. Außerdem kann man die Wohnräume des Königs besichtigen, welche im inneren Teil des Komplexes liegen. Im äußeren Teil findet man den Thronsaal sowie verschiedene Verwaltungsgebäude. Dort stehen außerdem noch zwei wunderschöne Pavillons, ebenso wie der Rest der Bauten im Pagodenstil. Dieser architektonische Stil lässt sich vor allem an den markanten, mehrgeschossigen Bauwerken erkennen, die turmartig hoch in die Lüfte ragen. Einzelne Geschosse werden hierbei durch Vorsprünge oder hervorragende Simse voneinander getrennt. Es lassen sich außerdem noch die Räumlichkeiten des Prinzen besichtigen, welche ebenso im äußeren Bereich des Palastes gelegen sind. Neben den aufgearbeiteten Erbstücken der Zeit können Sie auch die beiden auf dem Palastgelände gelegenen Museen besuchen: das National Palace Museum of Korea, in welchem Sie diverse Paläste bestaunen können, und das National Folk Museum of Korea, in welchem sie alte Artefakte aus dem frühen Leben koreanischer Völker bewundern können. Die Führungen durch den Palast werden entweder auf Japanisch, Englisch, Chinesisch oder natürlich auf Koreanisch gehalten.

Um das Palastgelände betreten zu dürfen, müssen Erwachsene 3000 Won zahlen und Kinder 1500 Won, was umgerechnet 2,34 Euro für Erwachsene und 1,17 Euro für Kinder bedeutet. Ein sehr erschwinglicher Preis im Vergleich zu Sehenswürdigkeiten dieser Klasse in anderen Ländern. Bei dieser Sehenswürdigkeit müssen Sie allerdings auf die Öffnungszeiten während der Saison achten, denn von März bis Oktober hat der Palast von 9 Uhr bis 18 Uhr für Sie geöffnet und von November bis Februar von 9 Uhr bis 17 Uhr. Des Weiteren sollten Sie wissen, dass dienstags Ruhetag ist und der letzte Eintritt eine Stunde vor Schließung stattfindet. Sicher fragen Sie sich jetzt noch, wie Sie überhaupt zum Gyeongbokgung Palast kommen. Es gibt hier die Möglichkeit, mit der U-Bahn-Linie 3 zu fahren und direkt an der Station Gyeongbokgung auszusteigen. Dann nehmen Sie einfach Ausgang 5. Allerdings können Sie auch mit folgenden Buslinien fahren: 1020, 7025, 109, 171, 172, 601 und 606. Alle Busse halten an der Haltestelle Gyeongbokgung Palace.

JOGYESA TEMPEL

Der Jogyesa Tempel bildet das Zentrum des Zen-Buddhismus in Korea und liegt direkt in der Mitte der südkoreanischen Hauptstadt. Von außen vermittelt der Tempel alles andere als den typisch traditionellen und ernsten Eindruck, den Bergtempel ansonsten normalerweise innehaben. Das liegt vor allem daran, dass Sie hier nicht die Landschaftskulisse antreffen werden, welche einen Tempel gewöhnlich umschließt. Allerdings steht auf seinem Gelände eine 500 Jahre alte Tempelkiefer, welche zum nationalen Naturdenkmal erklärt wurde. Der über das ganze Jahr geöffnete Tempel liegt mitten im geschäftigen Treiben der Großstadt und ist umgeben von kleinen Geschäften, die Souvenirs und Gegenstände für die Gebets- und Meditationspraxis verkaufen.

Er bildet eine Anlaufstelle für Buddhismus-Interessierte und klärt Sie gerne über diesen vielschichtigen Glauben auf. Vielleicht können Sie die ansässigen Mönche sogar bei einer Opferungszeremonie beobachten. Diese Zeremonien sind im buddhistischen Glauben sehr wichtig, da man hierbei Zuflucht bei Buddha und dessen Lehren sucht und sich außerdem auf positive Gedanken und spirituelles Wohl konzentriert. Der Buddhismus hat in Korea eine sehr große Zahl von Anhängern, welche nur durch die Anzahl der Atheisten übertroffen wird. Um einen Einblick in das Tempelleben zu erhalten, wird hier ein Programm angeboten, welches Ihnen neben der Einführung in die buddhistische Glaubensrichtung eine Einweisung in Tempelsitten bietet, Ihnen die Kunst der Meditation näherbringt und Ihnen zum Abschluss eine Gaumenfreude durch die bunte Tempelküche bereitet. Der einzige Haken daran ist die Tatsache, dass man erst ab fünf Personen eine solche Tempeltour buchen kann und die muss dann auch schon fünf Tage vorher angemeldet werden. Neben dieser Tempeltour können Sie auch noch an einer Daily Tour teilnehmen, welche allerdings 30.000 Won kostet. Das heißt, umgerechnet würden Sie hierfür 23,38 Euro bezahlen.

Am besten besuchen Sie den Tempel zu Buddhas Geburtstag, denn zu dieser Zeit ist er mit vielen farbenfrohen Laternen geschmückt. Buddhas Geburtstag wird im Mai gefeiert, natürlich nicht nur im Jogyesa Tempel, sondern in ganz Seoul.

Erreichen können Sie den Tempel dank seiner zentralen Lage sehr gut mit der U-Bahn-Linie 1, mit welcher Sie bis zur Station Jonggak fahren müssen und dann Ausgang 2 benutzen können. Des Weiteren können Sie auch noch die U-Bahn-Linie 3 nehmen und an der Station Anguk aussteigen und hier Ausgang 6 nehmen.

Neben dem Jogyesa Tempel liegt im selben Stadtteil auch der Jongmyo Schrein. Dieser ist in eine schöne Parkanlage gehüllt und von vielen Bäumen umgeben. Dieser Ort ist unglaublich spirituell, denn hier leben die Geister der verstorbenen Könige und Königinnen der ehemaligen Reiche Koreas. Auch heute noch werden für die verstorbenen Seelen Zeremonien abgehalten, deren Ursprung der konfuzianische Glaube ist. Der Schrein besteht aus vielen Gebäuden, wobei die beiden wichtigsten die Kammern für die Geister der bedeutendsten verstorbenen Könige und Königinnen sind. Es gibt noch etwa 49 weitere Kammern, welche im Hauptgebäude Jongjeon gelegen sind.

Außerdem gibt es noch 34 Kammern für die weniger wichtigen Könige und Königinnen. In allen Kammern werden hölzerne Ahnentafeln und Gegenstände, welche an die Verstorbenen erinnern, aufbewahrt.

N SEOUL TOWER

Wollten Sie Seoul schon immer einmal aus der Luft betrachten? Dann sollten Sie den N Seoul Tower besuchen, denn das Highlight dieser Sehenswürdigkeit ist ein Observatorium mit einem 360-Grad-Blick über Seoul. Der Tower steht auf dem Berg Namsan, welcher mitten in Seoul gelegen ist. Um den Tower zu erreichen, können Sie entweder zu Fuß laufen, was Ihnen einen atemberaubenden Ausblick verschaffen wird, oder aber Sie fahren mit der Seilbahn, was deutlich schneller geht und sicher ebenfalls ein tolles Erlebnis ist.

Ich empfehle, mit der Seilbahn herauf zu fahren und zurück zu laufen. So können Sie beides kennenlernen und dabei außerdem den Namsan Berg noch etwas näher erkunden. Hier haben Sie nämlich nicht nur den N Seoul Tower als eine Sehenswürdigkeit, der ganze Berg und das Gebiet um den Seoul Tower herum ist eine Sehenswürdigkeit für sich. Entscheiden Sie sich dafür, eine Fahrt mit der Seilbahn zu tätigen, bezahlen Sie für das One-Way-Ticket 7000 Won, umgerechnet 5,45 Euro. Möchten Sie eine Hin- und Rückfahrt mit der Seilbahn, zahlen Sie für das Round-Trip-Ticket 9500 Won, das sind umgerechnet 7,40 Euro. Das Gute am zu Fuß gehen ist natürlich die Tatsache, dass Sie so kein Geld ausgeben, denn der Eintritt zum Nationalpark ist frei. Um zum Nationalpark zu gelangen, können Sie Mit der U-Bahn-Linie 4 fahren und an der Station Myeong-dong aussteigen. Dort nehmen Sie dann Ausgang Nummer 3.

Sind Sie mit der Seilbahn nach oben gefahren, kommen Sie relativ schnell am Tower an und können gleich das Portemonnaie zücken, denn der Eintritt zum Tower kostet 10.000 Won, für Kinder und Senioren nur 8.000 Won. Umgerechnet sind das beim normalen Eintritt 7,79 Euro und bei dem Eintritt für Kinder und Senioren 6,23 Euro. Bitte beachten Sie hier, nicht vor 10 Uhr anzureisen, denn der Tower sowie die Seilbahn öffnen erst ab 10 Uhr. Geschlossen wird das Ganze um 23 Uhr, samstags erst um 24 Uhr, das heißt, Sie haben genügend Zeit, um alles zu erkunden. Nachdem Sie bezahlt haben, müssen Sie erst durch eine Sicherheitsschleuse gehen, was der ein oder andere sicher aus dem Fernsehturm in Berlin kennt. Nach dieser Prozedur dürfen Sie endlich den Tower erkunden. Erklommen wird das Ganze via Fahrstuhl und Treppen. Mit dem

Fahrstuhl können Sie nun ganz nach oben fahren, denn über zwei der vier oberen Etagen erstreckt sich das berühmte Observatorium. Mein persönliches Highlight waren hier die Entfernungsangaben zu verschiedenen Städten, wie London oder Paris auf den Fenstern. Auf derselben Ebene finden Sie außerdem einen kleinen Souvenirshop und einen Weeny-Beeny-Süßigkeitenstand. Weeny-Beeny kennen wir hier bei uns nicht, aber in Seoul ist das eine sehr beliebte Süßigkeitenmarke! Gehen Sie eine Etage tiefer, finden Sie die Toiletten, ein Café sowie den Zugang zu den Fahrstühlen.

Noch eine weitere Etage tiefer ist ein Restaurant, so können Sie hier nicht nur den kleinen, sondern auch den großen Hunger stillen.

Neben dem Observatorium können Sie noch sehr viel mehr im Tower entdecken. So gibt es das Hello-Kitty-Island, ein Museum eigens für Hello Kitty, und eine VR-Tour, bei welcher Sie eine kostenfreie Fahrt mit einem VR-Fahrzeug genießen können. Das ist nicht das einzige Highlight, es gibt außerdem noch eine digitale Decke, welche sich vor der Spielhalle befindet und verschiedene Animationen zeigt.

Die digitale Decke ist auf derselben Etage wie die VR-Tour. Außerdem können Sie durch den weltweit ersten OLED-Tunnel gehen, welcher von LG produziert wurde und ebenso verschiedene Animationen abspielt.

Steht Ihnen der Sinn eher nach Kultur, dann ist auch das kein Problem, denn im Tower gibt es ein Hanbok Culture Centre. Hier können Sie sich auf der untersten Ebene des Towers traditionell kleiden und sich vor nachgebauten historischen Bereichen des koreanischen Alltags fotografieren lassen.

Wenn Sie nun genug vom Tower gesehen haben, können Sie diesen wieder verlassen, denn um den N Seoul Tower herum gibt es auch noch eine ganze Menge zu erkunden. Der Namsan Berg, auf welchem der Tower erbaut wurde, ist ein sehr beliebtes Ausflugsziel – nicht nur für Touristen, sondern auch für Koreaner. Er hat eine Gesamthöhe von 265 Metern und thront in der Mitte der riesigen Metropole. Der gesamte Berg bildet außerdem drei Quadratkilometer des großen Namsan-Nationalparks. Die Landschaft des Parks sowie die Aussicht, die Sie vom Berg aus haben, sind atemberaubend. Nun empfehle ich Ihnen, den Weg nach unten zu laufen, denn so haben

Sie Zugang zu verschiedenen Arealen und Orten, die Sie von der Seilbahn aus nur erahnen können. Entlang des Weges schlängelt sich Seouls alte Stadtmauer, welche neu restauriert wurde. Sie werden außerdem noch an einem Areal vorbeikommen, auf welchem dutzende Liebesschlösser ihren Platz gefunden haben. Wenn Sie wanderbegeistert sind, sollten Sie unbedingt den Rundwanderweg ausprobieren, welcher Ihnen die Natur noch näherbringen wird und bei schönem Wetter eine tolle Aussicht bietet.

Früher oder später werden Sie dann das Namsangol Hanok Village erreichen, ein kleines Dorf, welches 1995 errichtet wurde. Hanok werden die traditionellen Wohnhäuser dort genannt. Das Dorf besteht aus fünf Hanok, welche in einem schönen Park mit See und einem kleinen Café angeordnet sind. Dazu kommt noch ein Pavillon, ein traditionell koreanischer Garten, ein traditionelles Theater und der Time Capsule Plaza. Dieses Dorf bietet eine friedliche Atmosphäre mit Einblicken in die traditionelle Kultur Koreas. Im Jahre 1994 wurde auf dem Time Capsule Plaza eine Zeitkapsel vergraben, weshalb dieser Ort heute ein regelrechter Touristenmagnet ist. Die Zeitkapsel soll erst am 29. November 2394 wieder ausgegraben werden, zu Seouls 1.000 Geburtstag als Hauptstadt. Innerhalb des Hanok-Dorfes gibt es verschiedene Programme und Aktivitäten, wie beispielsweise das Anprobieren eines traditionellen Hanbok (traditionelle koreanische Kleidung), das Falten von Hanji (traditionell koreanisches Papier) oder Taekwondo-Programme, an welchen Sie teilnehmen können. Taekwondo ist die traditionelle koreanische Kampfkunst.

Am Wochenende gibt es außerdem traditionelle Hochzeiten zu bestaunen. Eine Heirat stellt in Korea eine der wichtigsten Übergangsriten dar und wird deshalb gebührend zelebriert. So ist zu beachten, dass in Korea nicht nur zwei Menschen heiraten, sondern zwei Familien. Hier wird die Familie nämlich in den Entscheidungsprozess miteinbezogen. So hält der Schwiegersohn hier noch bei den Eltern um die Hand seiner Geliebten an. Man kann bei der Zeremonie an sich beobachten, wie zu Anfang Bilder in traditioneller Kleidung gemacht werden. Danach zieht der Brautzug des Bräutigams los zu den Brauteltern, welche am Hochzeitstisch warten. Ist der Brautzug angekommen, erhalten die Brauteltern zwei Mandarinenten. Der Bräutigam findet sich nun an der östlichen Seite des Tisches ein und nach ihm kommt die Braut, welche sich an die westliche Seite des Tisches begibt. Nun waschen sich Braut und Bräutigam die Hände und verbeugen sich. Ist dies geschehen, tauschen beide noch Wein untereinander aus und verbeugen sich vor deren Eltern und Gästen. Eine Hochzeitszeremonie ist in Korea nicht besonders lang. Anders als in Deutschland zum Beispiel findet sich die Familie hier nur zum Essen gemeinsam ein. Braut und Bräutigam sprechen dann noch einmal mit allen Gästen und dann ist das Ganze auch schon vorbei. Dennoch ist eine Hochzeit ein Spektakel, was man sich immer und immer wieder ansehen könnte.

Es werden auch traditionell koreanische Spiele gespielt. Yutnori und Jegichagi sind zwei traditionelle Spiele, welchen Sie hier begegnen werden. Während Yutnori der Vorgänger des in Deutschland beliebten „Mensch ärgere dich nicht" ist, ist Jegichagi ein Outdoorspiel. Hierbei wird ein Papier-Jegi in die Luft getreten und die Spieler versuchen, diesen in der Luft zu halten. Ein Jegi ähnelt einem Federball und besteht aus einem Stück Papier, welches um eine Münze gewickelt wird. Beim Yutnori spielt man mit vier markierten Stäbchen. Diese wirft man in die Luft und Ziel des Spiels ist es, die eigenen Steine am schnellsten über das Spielfeld zu bewegen. Die Legende des Spiels besteht angeblich in der Zucht fünf verschiedener Tiere: den Schweinen, den Hunden, den Hühnern, den Kühen und den Pferden.

Das Dorf ist montags geschlossen, öffnet seine Pforten aber von April bis Oktober von 9 Uhr bis 21 Uhr und von November bis März von 9 Uhr bis 20 Uhr. Der Eintritt ist kostenlos und Führungen durch das Dorf werden auf Englisch, Japanisch und Chinesisch angeboten.

Mein Geheimtipp für die Zeit nach dem Besuch des Towers ist der Besuch des Stadtteils Itaewon. Am besten gehen Sie abends dorthin, denn hier haben Sie eine Auswahl an zahlreichen Bars und Clubs, welche direkt am U-Bahnhof liegen.

Vergessen Sie auf keinen Fall, Fotos zu machen! Seoul bei Tag und bei Nacht ist ein himmelweiter Unterschied! Am besten fotografieren Sie hierfür vom Berg aus, da haben Sie immerhin den besten Ausblick auf die Stadt. Sie können das hell erleuchtete Seoul betrachten und das ganz in der Stille des

Nationalparks. Ein unvergessliches Erlebnis, wenn Sie mich fragen.

Shoppen im Großstadtdschungel

So ein Tag voll mit Sehenswürdigkeiten ist schön, aber sicher möchten Sie auch ein wenig einkaufen gehen und dafür gibt es in Seoul eine Menge Möglichkeiten! Die beliebtesten Shopping-Gegenden sind Myeongdong und Hongdae. Zu beiden möchte ich Ihnen jetzt ein bisschen mehr erzählen.

Beginnen wir mit Myeongdong. Die Einkaufsmeile im Distrikt zieht sich einen Kilometer lang von dem U-Bahnhof Myeong-dong bis zum Lotte-

Kaufhaus. Hier haben Sie die Möglichkeit, vorrangig qualitativ hochwertige Markengeschäfte zu besuchen, wofür natürlich der entsprechende Geldbeutel vorhanden sein muss. Wenn Sie Hunger bekommen sollten, können Sie sich eines von verschiedenen Familienrestaurants, traditionellen Restaurants oder auch ein Restaurant von Fastfood-Ketten aussuchen. Ich empfehle, das Myeongdong Schweineschnitzel, auf Koreanisch *Donkaesu*, zu probieren. Eine Freude für den Gaumen sind außerdem die handgemachten Nudeln *Kalguksu*. In Myeongdong finden Sie außerdem Kinos, Banken und, falls Ihnen nach einem anderen Haarschnitt ist, auch Friseure.

Ein absolutes Muss ist auch der Besuch der katholischen Kathedrale in Myeongdong, welche die erste christliche Kirche in Korea ist. Eröffnet wurde diese am 29. Mai 1889, als sie auch zum Zentrum der christlichen Gemeinde Südkoreas erklärt wurde. Die Christen hatten es in Korea nie besonders leicht und sie haben sogar eine Zeit der Verfolgung und Hetze hinter sich. Doch das ist Geschichte, denn mittlerweile besteht rund ein Drittel der südkoreanischen Bevölkerung aus Christen. Das pompöse Innere der Kirche wird Ihnen den Atem rauben und auch der

Platz um die Kirche herum ist wunderschön angelegt und liebevoll gepflegt.

Neben Myeongdong ist auch Hongdae sehr gut zum Shoppen geeignet. Doch auch ansonsten ist Hongdae ein Must-see, wenn Sie zu Besuch in Seoul sind. Neben vielen Shoppingmöglichkeiten wie H&M, teure Markenläden, aber auch Souvenirshops, vereint sich hier die Kunst- und Kulturszene Seouls in nur einem Viertel. Während die Straßen tagsüber verhältnismäßig leer sind, werden sie abends regelrecht überlaufen. An jeder Ecke blinken einem grelle Lichter entgegen und Streetperformer tanzen oder singen vor dem breiten Publikum. Dieser Stadtteil ist sehr populär bei den jungen Leuten, nicht zuletzt auch deshalb, weil sich hier die Hongik Universität befindet. Vor 30 Jahren fing die Geschichte Hongdaes mit eben dieser Universität an, denn Kunststudenten errichteten in diesem Viertel ihre Ateliers und zogen so immer mehr Menschen von außerhalb an. Nach und nach wurden die Ateliers durch Geschäfte, Cafés und Clubs ersetzt, welche heute den Mittelpunkt des bunten Treibens bilden. Hier in Hongdae findet jeder Geschmack, was er braucht oder was er gerade möchte. Unbedingt

auszuprobieren sind hier die sogenannten Norae-
bangs, auch Karaokeräume genannt, in welcher man
mit einer Gruppe Menschen die peinlichsten Song-
einlagen trällern kann. Auch sogenannte Gaming-Ca-
fés sind hoch im Trend, gerade bei jungen Koreanern. Hier sitzt man ähnlich wie in einem Internet-
café an einem PC und kann allerlei Spiele spielen.
Man bucht vorher eine Zeitspanne, die man am PC
verbringen möchte, und bezahlt auch gleich dafür.
Bekommen Sie während des Spielens Hunger, dann
können Sie direkt am PC das Essen bestellen und dieses wird Ihnen zu Ihrem Platz geliefert. Bequem ist
das allemal.

Wie eben schon erwähnt, sind auch die Streetperformer ein wichtiger Teil Hongdaes und sollten
unbedingt angesehen werden. Sie treten abends und
nachts auf und das Zuschauen kostet nichts. So war
ich ganz besonders begeistert von den Tänzerinnen
und Tänzern, die unglaublich viel Herzblut in ihre
Choreografien haben fließen lassen. Mit viel Glück
können Sie sogar die berühmte Trommelband
Rapercrussion zu hören bekommen, deren rhythmi-
sches Trommelspiel man schon von Weitem hört.
Neben ihrem synchronen Tanzspiel fasziniert auch

die indianerhafte, weiße Körperbemalung der Tänzer.

Sicher werden Sie auch Hunger bekommen, aber keine Sorge, denn in Hongdae gibt es an jeder Ecke etwas zu Essen. Neben Streetfood-Märkten sind dort eine Menge Restaurants und Cafés angesiedelt. Ich für meinen Teil empfehle, die Streetfood-Märkte zu probieren. Sie werden eine kulinarische Geschmacksexplosion erleben und neben Lebensmitteln, die eventuell nicht Ihrem Geschmack entsprechen, auch Leckereien finden, die es bei uns zu Lande gar nicht gibt – frittierter Oktopus, Käse Chicken, Tteokbokki oder Soondae bilden nur eine kleine Auswahl an nationalen Köstlichkeiten. Soondae ist die traditionelle koreanische Blutwurst und Tteokbokki ist gebratener Reiskuchen, welcher in verschiedensten Formen angerichtet werden kann. Neben der kulinarischen Vielfalt sind Streetfood-Märkte auch weitaus preiswerter als klassische Restaurants.

Haben Sie neben den ganzen aufregenden Eindrücken noch Zeit, besuchen Sie doch ein ganz besonderes Café. Ich rede vom Thanks Nature Cafe, ein kleiner Ort, welcher entspanntes Kaffeetrinken mit dem Streicheln von Schafen verbindet. Ja, Sie haben richtig gelesen. In diesem Café wurden zwei kleine flauschige Begleiter eingeführt; Sugar und Honey. Die beiden befinden sich allerdings in einem abgetrennten Bereich des Cafés und sind deshalb nicht unmittelbar für die Besucher zugänglich. Nun lassen Sie es sich hier bei einer Tasse Kaffee und einer Waffel gut gehen. Die Waffeln sind hier übrigens ein Geschmackserlebnis für sich, denn neben klassischen Waffeln bekommen Sie hier Waffeln mit verschiedenen Geschmacksrichtungen wie Banane, Espresso, Grüner Tee, Erdbeere und mehr.

Sie bekommen neben Waffeln außerdem noch Honig- und Knoblauchkäsebrot, welche unbedingt probiert werden müssen! Das kleine Café ist in naturverbundenem Stil eingerichtet – es wurde viel mit Holz und Pflanzen gearbeitet. An den Wänden hängen Malereien von Kühen und Schafen und die Tische sind Mit Kuh- oder Schaffigürchen dekoriert. Auch wenn das Café sehr naturnah scheint, haben Sie hier Zugang zu freiem WLAN und die Möglichkeit, Ihr Handy aufzuladen. Geöffnet ist die kleine Oase von Montag bis Sonntag zwischen 11 Uhr und 22 Uhr.

Neben Hongdae bildet auch Gangnam einen zentralen Punkt der Popkultur Koreas. Sicher kennen Sie Gangnam erst seit dem gleichnamigen Song von Psy, aber in Korea spielt sich alles, was auch nur ansatzweise im Trend ist, in Gangnam ab. Die Stadt ist der Vorreiter, was Trendsetting in Seoul angeht, und bildet den kreativen Herzschlag der Stadt. Neben einem Besuch koreanischer Boutiquen können Sie hier abends und nachts ordentlich feiern, denn die wohlhabende Gegend ist voll mit renommierten Bars und Clubs.

Wenn Sie nicht so viel Geld haben, dann empfehle ich das Gangnam Underground Shoppingcentre. Dort gibt es sehr häufig Sales, bei welchen Sie wahre Schnäppchen machen können, denn dann kostet alles nur 10.000 Won, also umgerechnet nur 7,79 Euro. Eine gewisse Vorsicht ist jedoch geboten, denn die Klamotten werden alle in Einheitsgrößen angeboten – entweder man passt rein oder eben nicht.

Sie werden außerdem überall in Seoul verteilt sogenannte Convenience Stores finden, welche auf Deutsch Gemischtwarenläden heißen. Das Sortiment ist hier natürlich nicht so groß wie in einem richtigen Supermarkt, aber man bekommt alles Nötige an Lebensmitteln. Achten Sie hier aber unbedingt auf die Preise, denn die Gemischtwarenläden pochen auf hohe Preise und eine verhältnismäßig kleine Auswahl von Produkten.

Wenn der Hunger ruft

Nach Ihrer erfolgreichen Shoppingtour haben Sie sicher Hunger und sind auf der Suche nach einem guten Restaurant. Je nachdem, wo Sie sich gerade befinden, ist es mehr oder minder schwer, etwas zu finden, was Ihnen zusagen wird. Bevor ich Ihnen ein paar Restaurants vorstelle, ein kleiner Tipp vorweg: Gehen Sie lieber in Restaurants, welche sich in Seitengassen oder Nebenstraßen befinden. Äußerlich mögen diese nicht viel her machen, aber preislich und geschmacklich sind sie unschlagbar!

Möchten Sie dennoch ein klassisches Restaurant besuchen, welches neben Streetfood-Märkten natürlich ebenfalls existieren, gibt es hier einen kleinen Vorgeschmack auf das, was Sie erwarten könnte. Gewöhnen Sie sich nur daran, dass es in Restaurants nicht gern gesehen ist, die Straßenschuhe anzubehalten. Sie werden hier meistens nur auf Koreaner treffen, welche maximal mit Badelatschen bekleidet speisen.

In Itaewon steht ein kleines Restaurant, welches auf den Namen Bada Sikdang hört. Hier können Sie Seoul-Charme spüren, welcher vor der Zeit des Ruhms und Reichtums herrschte. Das Restaurant gibt es schon sehr lange, was vor allem ein Gericht beweist: Die Budae-jjingae ist eine Brühe, welche von der Nachkriegszeit Koreas erzählt, denn damals stahlen koreanische Einheimische die Zutaten aus den Lagern der Amerikaner, weil ihnen das Geld zum Kauf fehlte. Aus diesen Zutaten, welche Würstchen beinhalteten, wurde dann die heute so beliebte Brühe des Restaurants gekocht. So wurden nationale und internationale Geschmäcker gemischt und etwas geschaffen, was auch heute noch großen

Anklang findet. Preislich bewegen wir uns hier in einem Rahmen von 20.000 bis 30.000 Won. Wenn man das in Euro umrechnet, sind das zwischen 15 und 23 Euro, was ein guter Preis für ein dementsprechend gutes Gericht ist.

Im nächsten Restaurant bekommen Sie eine wahre Gaumenfreude serviert, denn hier gibt es das berühmte Samgyetang, ein ganzes Huhn gefüllt mit allerlei frischen Zutaten – inklusive Ginseng. Ich spreche vom Restaurant Tosokchon, welches seit 1983 existiert und seither einen unglaublich guten Ruf genießt. Sich selbst bezeichnet das Restaurant als "gesündeste Küche Koreas", dem ist tatsächlich nichts hinzuzufügen, denn die Speisen in diesem Restaurant schmecken nicht nur gut, sie sind auch noch gesund für den Körper. Auch die Lage des Restaurants ist sehr schön gewählt und trägt zum allgemeinen Wohlbefinden der Besucher bei. Wir befinden uns hier in der Nähe des Jogyesa Tempels und mitten im geschäftigen Treiben des Stadtteils. Das kulturell angehauchte Restaurant wurde ebenso wie der Gyeongbokgung Palast im Pagoden-Stil erbaut. Auch von Innen ist es sehr einladend gestaltet und wird Sie in die Zeit zurückversetzen, in der Seoul noch ein kleines Dorf war.

Wenn Sie gerade in Gangnam sind, sollten Sie definitiv dem Omiga Sinsa einen Besuch abstatten. Hier bekommen Sie die Möglichkeit, ganz traditionell im Hansang-Stil zu essen. Das heißt, Sie haben einen Tisch voll mit gutem Essen vor sich und können sich an allem bedienen. Die Koreaner essen normalerweise alle so, denn dort gilt es als egoistisch, sich einen Teller nur für sich selbst voll zu hauen. Das Fleisch wird selbst gegrillt und traditionell füllt man das Essen in ein Salat- oder Algenblatt, ehe man es sich komplett in den Mund schiebt. Anfangs ist das vielleicht etwas befremdlich, aber man gewöhnt sich mit der Zeit daran und lernt so, effizienter zu essen. So ein reichlich gedeckter Tisch kostet 20.000 Won, also 15,58 Euro, und ist somit wirklich günstig im Vergleich zu anderen Restaurants, in welchen nur ein einzelnes Gericht einen solchen Preis hat.

Ich habe noch einen kleinen Insidertipp für Sie: Wenn Sie gerade in Myeongdong sind und Hunger haben, dann sollten Sie das Myeongdong Kyoja ausprobieren. Dieses Restaurant liegt nahe der Kathedrale Myeongdong und ist berühmt für seine Kalguksu. Das sind Nudeln, welche dünn mit einem

Messer per Hand geschnitten werden. Aufgrund der Popularität seiner Nudeln ist das Myeongdong Kyoja immer sehr gut besucht. Ein weiterer Faktor für den vollen Laden ist die Tatsache, dass Sie dort unschlagbar günstig essen können! Für eine riesige Portion Kalguksu bezahlt man hier um die 7000 Won, umgerechnet sind das 5,54 Euro, und diese Portion würde locker für zwei Personen reichen!

Planen Sie hier eventuell eine kleine Wartezeit ein, aber diese wird sich auf jeden Fall lohnen, denn das Essen dort ist ausgezeichnet. Davon einmal abgesehen bekommt der Begriff Fast Food hier eine ganz neue Bedeutung, denn dieses Restaurant ist der Inbegriff von Fast Food. Sobald Sie sitzen – oder Sie nehmen sich das Essen mit –, wird Ihre Bestellung aufgenommen und wenig später steht eben diese vor Ihrer Nase. Sie warten, wenn es hochkommt, maximal 15 Minuten auf Ihr Essen. Dieses Restaurant zeigt deutlich, dass das Ambiente nichts über das Geschmackserlebnis aussagt.

Wie Sie wahrscheinlich schon bemerkt haben, gibt es kaum eine Möglichkeit, um vegetarisch oder gar vegan in Seoul zu essen. Tatsächlich ist es so, dass viel Fleisch – vor allem Schweine- und

Hühnerfleisch – gegessen wird und zu einer ausgewogenen und gesunden Küche in Korea dazu gehört. Sind Sie Vegetarier oder Veganer, dann empfehle ich Ihnen das Plant. Hier bekommen Sie vegetarische und vegane Speisen in der kleinen bis mittleren Preisklasse. Besonders beliebt ist hier wohl der vegane und rohe Karottenkuchen. Das Restaurant rühmt sich damit, 100 % pflanzliche Inhaltsstoffe zu benutzen, und gehört zu einem der Vorreiter in Sachen Veganismus in Korea. Gelegen ist das Imbiss-Restaurant in Itaewon und mit der U-Bahn-Linie 6 zu erreichen. Hierfür steigen Sie einfach an der Station Itaewon aus und benutzen Ausgang 6. Dann müssen Sie sich nur umdrehen und die Straße zu Ihrer Linken heraufgehen. Geöffnet hat das kleine Restaurant von 11 Uhr vormittags bis 22 Uhr abends außer sonntags, da ist geschlossen.

Noch ein kleiner Hinweis am Rande: In Korea gilt es als unhöflich, die Stäbchen im Reis stecken zu lassen, da diese einen Teil des Ahnenkults ausmachen. Es gibt beinahe nichts Schlimmeres, als diese Regel zu verletzen. Lassen Sie außerdem immer einen kleinen Anstandsrest auf Ihren Tellern, so symbolisieren Sie, dass der Koch genug gekocht hat und es für alle gereicht hat. Ansonsten fühlt sich der Koch verletzt. Eine nette Geste ist es ebenso, seinem Tischnachbarn einzuschenken, wenn die Flasche in eigener Nähe steht und Ihr Begleiter ein leeres Glas hat. Sollten Sie das einmal verpassen, keine Sorge, das Personal wird sich darum kümmern, dass Sie immer genug zu trinken im Glas haben. Um das Personal und die restlichen Gäste nicht zu verärgern, vermeiden Sie es, sich am Tisch die Nase zu schnäuzen. So umständlich es auch klingen mag, gehen Sie hierfür auf die Toilette, um sich Ärger zu ersparen. Das Schmatzen und Schlürfen sind jedoch gerne gesehen und es ist eine Art Beweis dafür, dass es gut schmeckt.

Partylöwen aufgepasst

Wenn Sie abends den Tag ausklingen lassen möchten, sich von einer anstrengenden Sightseeing-Tour erholen oder den stressigen Shoppingtrip hinter sich lassen wollen, können Sie einen der zahlreichen Clubs von Seoul besuchen. Die Stadt ist nämlich bekannt für ihre Partyszene und ihre abends und nachts wild feiernden Bewohner. Seoul ist die Inkarnation des Mottos: "Work hard, Play hard", denn hier wird nachts nicht geschlafen. Tagsüber ist es vergleichsweise ruhig, aber nachts führen die Koreaner ein exzessives Partyleben.

Die beliebtesten Clubs liegen in Hongdae, einem Stadtteil, der ohnehin für sein nächtliches Treiben bekannt ist. Hier findet jeder Musikgeschmack, was er zum Feiern braucht, ob Ihnen nun eher Hip-Hop zusagt oder klassische Electro-Musik – in Hongdae werden Sie fündig werden.

The Henz Club ist der Platz für die Fashionistas unter Ihnen, denn hier liegt das Augenmerk auf einem gut gewählten Kleidungsstil. Hier können Sie mit dem angeben, was Sie tragen, andersherum werden Sie hier auch nur Menschen antreffen, die einem Laufsteg entsprungen sein könnten.

Zur Musik gibt es nichts Spezielles zu sagen, da gemischte Genres gespielt werden. Einmal im Monat findet eine No-Mercy-Party statt, bei welcher von Anfang bis Ende Trapmusik – ein Subgenre des Hip-Hops – gespielt wird. Anfang bis Ende umfasst dabei die Öffnungszeiten von 22 Uhr abends bis 5 Uhr in der Früh. Solange können Sie tanzen, trinken und die Zeit einfach genießen. Der Eintritt variiert je nach Event zwischen 15.000 und 20.000 Won, also zwischen 11,68 Euro und 15,58 Euro, was für einen Club ein verhältnismäßig hoher Preis ist. Demnach finden sich hier eher gut betuchte Menschen ein. Sie finden den Club, wenn Sie mit der U-Bahn-Linie 6 fahren und an der Station Sangsu aussteigen. Benutzen Sie dann Ausgang 1.

Folgt Ihre Liebe eher der Electro- oder House-Musik, so sind Sie im M2 Club besser aufgehoben. Hier wird ein Mix aus eben diesen beiden Musikgenres gespielt, das Housegenre nimmt jedoch den größeren Teil ein. Der M2 Club wurde vor zehn Jahren gegründet und erfreut sich heute noch genau derselben Beliebtheit wie damals. Insgesamt finden hier 1000 tanzwütige Menschen Platz. Geöffnet hat der Club Dienstag bis Donnerstag von 21.30 Uhr bis 5 Uhr morgens und Freitag bis Samstag von 21.30 Uhr bis 7 Uhr morgens. Bitte beachten Sie hier, dass formelle Kleidung, kurze Hosen, Badelatschen und Jogginganzüge nicht gerne gesehen sind. Achten Sie also vorher darauf, was Sie gerne anziehen wollen! Auch hier variiert der Preis je nach Event zwischen 10.000 und 20.000 Won, demnach zwischen 7,79 Euro und 15,58 Euro.

Wenn Sie nicht viel Geld zur Verfügung haben, besuchen Sie doch den Club Cream. Der Club ist direkt auf der Hauptstraße gelegen, Sie können ihn also nicht verfehlen. Hier ist der Eintritt kostenlos, weshalb Sie sich auf eine ordentliche Warteschlange einstellen können. Einmal drinnen, ist dieser Club perfekt für Sie, vorausgesetzt, Sie sind ein Fan des Hip-Hop-Genres. Das Besondere an diesem Club sind die Open-Mic-Nights, bei welchen unbekannte und neue Rapper das Mikrofon ergreifen und sich ein interessantes Rapbattle liefern können.

Diese Möglichkeit wird vor allem von jungen Sängern und Musikern dafür genutzt, um bekannter zu werden. Geöffnet ist das Cream jeden Tag von 22 Uhr bis 8 Uhr morgens, an Schlaf ist also nicht zu denken! Aber das ist ja bekanntlich kein Problem für die Koreaner.

Bitte achten Sie darauf, Ihren Passport oder Ihre ausländische Identifikationskarte vorweisen zu können, ansonsten kommen Sie in keinen der Clubs hinein!

Steht Ihnen nicht der Sinn nach einem Club, dann schnappen Sie und ihre Mitreisenden sich ein paar Getränke und machen Sie sich auf den Weg zum Han River. Hier können Sie den Tag bei ein paar Gläsern Bier oder Soju ausklingen lassen. Vielleicht lernen Sie sogar neue Leute kennen.

Übrigens trinken die Koreaner unglaublich gerne Alkohol, mit einer Flasche Soju macht man also absolut nichts falsch. Soju ist das beliebteste alkoholische Getränk Koreas. Das ist kein Wunder, denn eine Flasche Soju kostet dort weniger als eine Flasche Orangensaft. Ähnlich wie beim japanischen Sake wird auch Soju aus Reis hergestellt, kann aber auch mit Beilagen wie Kartoffeln gemischt werden. Dann werden die Zutaten zu einem sehr hochprozentigen Alkohol verarbeitet. Er lässt sich problemlos mit Säften oder Sprite mischen und wird meist aus kleinen Shotgläsern getrunken. Machen Sie sich außerdem darauf gefasst, Trinkspiele zu spielen, denn Koreaner sind die Meister der Trinkspiele, wobei es dann auch schon einmal sehr laut werden kann.

Der Weg ist das Ziel

Dieser Ratgeber ist natürlich kein Patentrezept dafür, wie Sie Ihren Urlaub im schönen Seoul zu genießen haben. Aber egal was Sie tun werden, Sie werden diese Zeit niemals vergessen. Seoul ist nicht nur eine Millionenmetropole, in welcher ein ständiges Treiben herrscht. Diese Stadt verbindet viel mehr miteinander, als man es auf den ersten Blick sehen kann. Neben der Popkultur, der digitalen Technik und dem Ruf als Fashionmetropole geht es hier unglaublich gesittet und traditionell zu. Die Menschen hier wissen ihre Kultur und ihr Erbe in Ehren zu halten und das sollte man respektieren und akzeptieren. Sie sollten sich auf ein kulturelles Erlebnis einlassen können, was Ihnen viele neue Facetten zeigen wird. Des Weiteren lernen Sie in Seoul eine vollkommen neue Glaubensrichtung kennen, von der Sie bisher vielleicht nur das Wort Karma kennen und nutzen. Aber kennen Sie auch seine ursprüngliche Bedeutung? Die Lehren des Buddha gehen davon aus, dass jede Handlung eines Menschen gute oder schlechte Nachwirkungen hat, dies bezeichnete er als Karma. Wenn Sie sich auf den buddhistischen Glauben einlassen, können Sie sicher ein paar nützliche Weisheiten mit nach Hause nehmen.

Allerdings ist nicht nur die Religion zu betrachten, sondern auch die Geschichte, welche sich über ganz Seoul erstreckt – nicht zuletzt wegen der Stadtmauer, welche sich durch die ganze Stadt zieht. Diese Stadt begann als kleines Dorf und entwickelte sich über die Jahrhunderte zu einer Millionenmetropole, welche heute einer der Vorreiter für das digitale Zeitalter ist. Begeistern Sie sich für Technik oder Digitalität, dann sind Sie hier auf jeden Fall an der richtigen Adresse.

Auch die jungen Menschen unter Ihnen werden hier etwas für sich entdecken – finden sie in den Geschäften doch ein reichhaltiges Angebot an Klamotten, Kosmetika und zu guter Letzt auch die Popkultur, welche in den letzten Jahren auch in Deutschland an Beliebtheit zugenommen hat. Der K-pop – also Korean Pop – ist in Seoul allgegenwärtig, so bekommen Sie hier sogar Bahntickets mit den beliebtesten Bands darauf abgebildet. Verschiedene Kosmetiklinien bieten Kosmetika an, auf welchen die Stars abgebildet sind, und die Streetperformer tanzen oder singen zu den beliebtesten Songs. Auch, wenn Sie über die Hallyu K-Star Road laufen, sehen Sie überall Bärenfiguren stehen, mit Prints von verschiedenen K-Pop-Bands, und überall befinden sich Restaurants, welche sich damit rühmen, von K-Stars besucht worden zu sein. Es gibt außerdem eine Menge Entertainments, in welchen Sie – wenn Sie Glück haben – den einen oder anderen Blick auf einen der gefragten Stars erhaschen können. Folgende Entertainments sind in Seoul lokalisiert: SM Entertainment, JYP Entertainment und FNC Entertainment. Verfehlen können Sie diese sicherlich nicht, denn Horden von Fans campieren direkt davor. Möchten Sie zur angesagten K-Pop-Musik tanzen und trinken, dann empfehle ich Ihnen das Octagon. Das Octagon ist einer der angesagtesten Clubs in Gangnam und spielt ausschließlich koreanischen Pop. Der Eintritt ist hier jedoch nicht ganz billig, so bezahlt man 30.000 Won für einen Abend, was umgerechnet ca. 23 Euro sind. Kein Wunder, ist Gangnam doch das "Reichenviertel" der angesagten Metropole.

Was ich mit dieser Ausführung nun eigentlich sagen möchte, ist, dass das Motto „Der Weg ist das Ziel" vollkommen auf diese Stadt zutrifft. Egal, wo man auch hin möchte, der Weg dorthin zeigt einem viel mehr, als man auf den ersten Blick erwarten würde. Ich war nie ein Fan von Großstädten, aber Seoul hat mich in vielerlei Hinsicht beeinflusst.

Sollten Sie doch einmal genug haben von den vielen Menschen und dem Großstadtgewimmel um Sie herum, dann besuchen Sie einfach die Wanderwege, welche rund um Seoul gelegen sind. Sie sind gespickt mit einer Menge Nadelbäumen wie Fichten und Lärchen und vielleicht sehen Sie hier auch einmal den ein oder anderen Weissbauch-

Schwarzspecht oder auf den Gewässern eine Mandarinente. Auf dem Weg zu den Wanderwegen werden Sie noch so viel mehr von Seoul kennenlernen, denn eine Fahrt mit Bus oder U-Bahn ist hier nicht ausgeschlossen.

Wenn Ihnen diese einzigartige Mischung aus moderner und traditioneller Kultur zusagt, dann sollten Sie eine Reise nach Seoul unbedingt in Angriff nehmen. Geben Sie der Großstadt eine Chance, ihren Charme unter Beweis zu stellen, und lassen Sie sich von Anfang an darauf ein. Sie werden von Seoul nicht genug bekommen können und wenn Sie wieder Zuhause sind, werden Sie es vermissen. Sie werden das Streetfood vermissen, die wunderschöne Natur, die Wolkenkratzer und die Menschen. Sie werden das Treiben auf den Straßen vermissen, den niemals einkehrenden Stillstand, all das und so viel mehr.

Begeben Sie sich auf eine Reise, die Ihr Leben verändern wird. Machen Sie sich den Weg zum Ziel.

Packliste

Geld & Finanzen

O (evtl.) Auslandswährung
O Bargeld
O Bauchtasche
O Brustbeutel
O Bauchtasche
O EC-Karte
O Kreditkarte
O Notfall-Telefonnummern der Banken
O Portmonee

Hygiene

O Haarbürste / Kamm
O Deo (klein)
O Shampoo
O Kulturtasche
O Sonnencreme
O Taschentücher

O Reise-Zahnbürste und Zahnpasta
O Verhütungsmittel

Kleidung

O Badeklamotten
O Gürtel
O Hosen kurz / lang
O Mütze / Cap / Hut
O Pullover
O Regenjacke
O Schlafanzug
O Socken
O Sonnenbrille
O Sportklamotten / Jogginghose
O T-Shirts
O Unterwäsche

Medikamente

O Blasenpflaster
O Anti-Durchfalltabletten
O Erste-Hilfe-Set

O Fiebertabletten
O Fiebertabletten
O Mückenschutz
O sonstige Medikamente
O Pflaster
O Kopfschmerztabletten

Unterlagen & Papiere

O ADAC Unterlagen
O Adresslisten für Postkarten
O Krankversicherungsnachweis
O Stadtplan
O Führerschein
O Unterlagen für die Unterkunft
O Wasserdichte Hülle für Reiseunterlagen
O Impfausweis
O Mietwagenunterlagen
O Personalausweis
O Reisepass
O Reisetagebuch
O evtl. Studentenausweis

O evtl. Visum
O Zug- / Bahn- / Flugticket

Taschen & Rucksäcke

O Koffer / Trolley / Reisetasche
O Regenhülle für Rucksack
O Rucksack

Schuhe

O Badeschlappen / Hausschuhe
O Schuhe und Wechselschuhe

Sonstiges

O Brille / Kontaktlinsen und Etui
O Buch zum Lesen
O Ohrenstöpsel und Schlafmaske
O Regenschirm
O Reisedecke
O Wasserflasche
O Wörterbuch

Elektronik

O Digitalkamera
O Handy
O Ladekabel
O Kopfhörer
O evtl. Steckdosenadapter
O Power-Bank

Herstellung und Verlag:

BoD – Books on Demand, Norderstedt

ISBN: 9783751902960

1. Auflage

Kontakt: Psiana eCom UG/ Berumer Str. 44/ 26844 Jemgum

Covergestaltung: Fenna Larsson

Coverfoto: depositphotos.com